L'ÉGLISE CATHOLIQUE

ET

LES PROTESTANTS

PAR GEORGES ROMAIN

Auteur de : LA QUESTION PROTESTANTE, jugée par le *bon sens,*
la *Bible* et *les faits ;* L'ÉGLISE et LA LIBERTÉ ;
le MOYEN AGE FUT-IL UNE ÉPOQUE de *ténèbres et de servitude.*

> Si les protestants savaient à fond comment s'est formée leur religion, cette Réforme dont ils se vantent tant ne les contenterait guère : et pour dire franchement ce que j'en pense, elle ne leur inspirerait que du mépris. (BOSSUET. *Histoire des variations des églises protestantes.*)

PARIS

LIBRAIRIE BLOUD ET BARRAL

4, RUE MADAME ET RUE DE RENNES, 59

1897

SCIENCE ET RELIGION

NOUVELLES ÉTUDES PHILOSOPHIQUES, SCIENTIFIQUES ET RELIGIEUSE

Collection de vol. in-12 de 64 pages *compactes*

Prix : **O fr. 60** le vol.

Depuis longtemps les ennemis de la religion ne cessent de faire retenti dans tous les organes dont ils disposent : livres, journaux, revues, br(chures, ce qu'ils appellent les « **RÉSULTATS CERTAINS DE LA SCIENC** **MODERNE** » avec la conclusion clairement exprimée ou perfideme sous-entendue qu'il y a DÉSACCORD entre ces *résultats* et les *affirm(* *tions de la Foi.*

Nos savants catholiques n'ont pas manqué de répondre. L'ont-ils to jours fait de manière à rester facilement *accessibles à toutes les classe de lecteurs ?*

De nombreux et volumineux ouvrages d'apologétique ont été publié mais précisément la méthode apologétique et le mot lui-même ne sont-i pas dès l'abord suspects aux *incrédules* et même aux *indifférents ?* D l'examen de ces inconvénients est née l'idée d'une *collection* où les même vérités seraient exposées dans le même but, mais sous une forme plu concise, plus claire, plus attractive, plus compréhensible pour tous quoique très particulièrement *scientifique.*

Notre Bibliothèque des *Nouvelles études* sera RELIGIEUSE : sur tous le points l'enseignement catholique est le phare dont nous suivrons la lumière *Mais elle sera en même temps et* AVANT TOUT *une bibliothèque* PHILO SOPHIQUE *et* SCIENTIFIQUE *destinée à faire connaître les principale manifestations de la pensée humaine dans la recherche de la vérité.*

Aussi ne s'interdira-t-elle pas l'exposé des solutions personnelles, ori ginales. Elle comportera nombre de sujets qui n'intéressent que de loi la foi ou lui sont même étrangers. *Par là elle contribuera,* nous l'esp(rons, *à développer chez nos lecteurs l'esprit philosophique, les initier(et les habituera aux méthodes des sciences, aux procédés tout moder nes de la critique historique ou de la philologie.*

Chacune de nos monographies aura pour but de faire con naître, sur chaque sujet, l'état actuel précis de la question e de donner le dernier mot de la science.

Aux gens du monde loyaux et consciencieux trop souvent arrêtés par le

bjections spécieuses comme devant d'inexplicables énigmes ; aux jeunes
ens désireux d'approfondir la science de la foi ; aux conférenciers, prédi-
ateurs, professeurs astreints à des recherches longues et fatigantes ; aux
rêtres toujours désireux de faire lire des ouvrages vraiment remarquables, intéressant la défense de la Religion, n'est-ce pas rendre service
le présenter, dans une série de TRAITÉS SUBSTANTIELS et SUGGESTIFS, les
rincipales vérités philosophiques, historiques et religieuses ?

Ajoutons que la publication de notre Bibliothèque par opuscules vendus
séparément, *à un prix modique*, rendra facile à chacun la formation lente
et successive d'une précieuse encyclopédie *scientifique*.

Pour réaliser ce programme, d'éminents collaborateurs ont bien voulu
nous assurer leur concours. Parmi eux nous citerons : MM. GONDAL et
GUIBERT, professeurs à St-Sulpice, le R. P. de la BARRE, M. l'abbé PISANI,
professeurs à l'Institut catholique de Paris, le R. P. ORTOLAN, M. l'abbé
CONSTANT, (tous deux) lauréats de l'Institut catholique de Paris, M. l'abbé
THOMAS, vicaire général de Verdun, M. GUYOT, *auteur de la Raison
conduisant l'homme à la Foi*, M. G. FONSEGRIVE, G. ROMAIN, P. COUR-
BET, ancien élève de l'Ecole polytechnique, JEANNIARD DU DOT, etc.

Cette liste est destinée à s'allonger ; bientôt s'y ajouteront, nous en
avons la promesse, les noms des personnes si autorisées qui, dès la première heure ont bien voulu accorder à notre projet les plus honorables et
les plus flatteurs encouragements.

En contribuant ainsi dans la mesure de nos forces à l'union de l'esprit
scientifique et de l'esprit de foi, nous répondons aux besoins de l'époque et
à la pensée du Pape Léon XIII dont la grande voix s'est si souvent élevée pour recommander aux catholiques de se servir des connaissances et
les méthodes scientifiques pour la défense de leur foi.

Voici une première liste des ouvrages parus ou à paraître incessamment :

— Certitudes scientifiques et Certitudes philosophiques par le
R. P. de la BARRE S. J. professeur à l'Institut catholique de Paris. 1 vol.

— L'Ame de l'homme par J. GUIBERT prêtre de St.-Sulpice, professeur de sciences naturelles (maison d'Issy).   1 vol.

— Faut-il une religion ? par M. l'abbé GUYOT, curé-doyen de Gé-
rardmer, docteur en théologie et en droit canon, ancien professeur de théologie.   1 vol.

**— *Du même auteur* : Pourquoi y a-t-il des hommes qui ne pro-
fessent aucune religion ?**   1 vol.

**— Etudes sur la Pluralité des mondes habités et le dogme de
Incarnation** par le R. P. ORTOLAN, docteur en théologie et en droit
canonique, lauréat de l'Institut catholique de Paris, membre de l'académie de Saint Raymond de Pennafort.   3 vol.

I. — *L'Épanouissement de la vie organique à travers les plaines de
l'infini.*   1 vol.

II. — *Soleils et terres célestes.*   1 vol.

III. — *Les Humanités astrales, et l'Incarnation.*   1 vol.

Chaque vol. se vend séparément.

— **L'Au-delà ou la Vie future** d'après la foi et la science par M. l'abbé J. Laxenaire, docteur en théologie et en droit canon et de l'Académie de St Thomas d'Aquin, professeur au grand séminaire de St-Dié. 1 vol.

— **Le Mystère de l'Eucharistie.** — **Aperçu scientifique** par M. l'abbé Constant, docteur en théologie, lauréat de l'Institut catholique de Paris. 1 vol.

— **L'Eglise catholique et les Protestants** par G. Romain auteur de : *L'Eglise et la Liberté, Le Moyen Age fut-il une époque de ténèbres de servitude ?* 1 vol.

— **Mahomet et son œuvre** par I. L. Gondal professeur d'éloquence au séminaire Saint-Sulpice. 1 vol.

— **Christianisme et Bouddhisme** (*Études orientales*) par M. l'abbé Thomas, vicaire général de Verdun. 2 vol.

L'ouvrage est divisé en deux parties dont aucune ne se vend séparément.

Première partie : *Le Bouddhisme.*

Deuxième partie : *le Bouddhisme dans ses rapports avec le christianisme. — Ascétisme oriental et ascétisme chrétien.*

— **Où en est l'Hypnotisme,** son histoire, sa nature, et ses dangers par A. Jeanniard du Dot, auteur du *Spiritisme dévoilé.* 1 vol.

— *Du même auteur* : **Où en est le Spiritisme,** sa nature et ses dangers. 1 vol.

— **Nécessité scientifique de l'existence de Dieu,** par Pierre Courbet, ancien élève de l'Ecole Polytechnique. — in-18 raisin de 72 pages. — Prix, 0 fr. 60.

— *Du même auteur* : **Jésus-Christ,** in-18 raisin de 72 pages. — Prix, 0 fr. 60.

Ces deux derniers opuscules, parus il y a environ un an, sont édités exceptionnellement dans le format in-18 raisin. Leur succès considérable et si encourageant a déterminé la création définitive de la bibliothèque des *Nouvelles Etudes.*

Dans le premier l'auteur expose, d'une manière brève mais très serrée, les preuves les plus décisives de cette affirmation que l'existence de Dieu est une vérité mathématique et le dernier mot de la science moderne. Dans le second, **Jésus-Christ,** M. P. Courbet continue son exposé rationnel et logique des fondements de la foi chrétienne. Après avoir démontré par des preuves uniquement scientifiques que Dieu existe, il en déduit que Jésus-Christ est Dieu.

CITEAUX. — IMP. GUILLERMAIN.

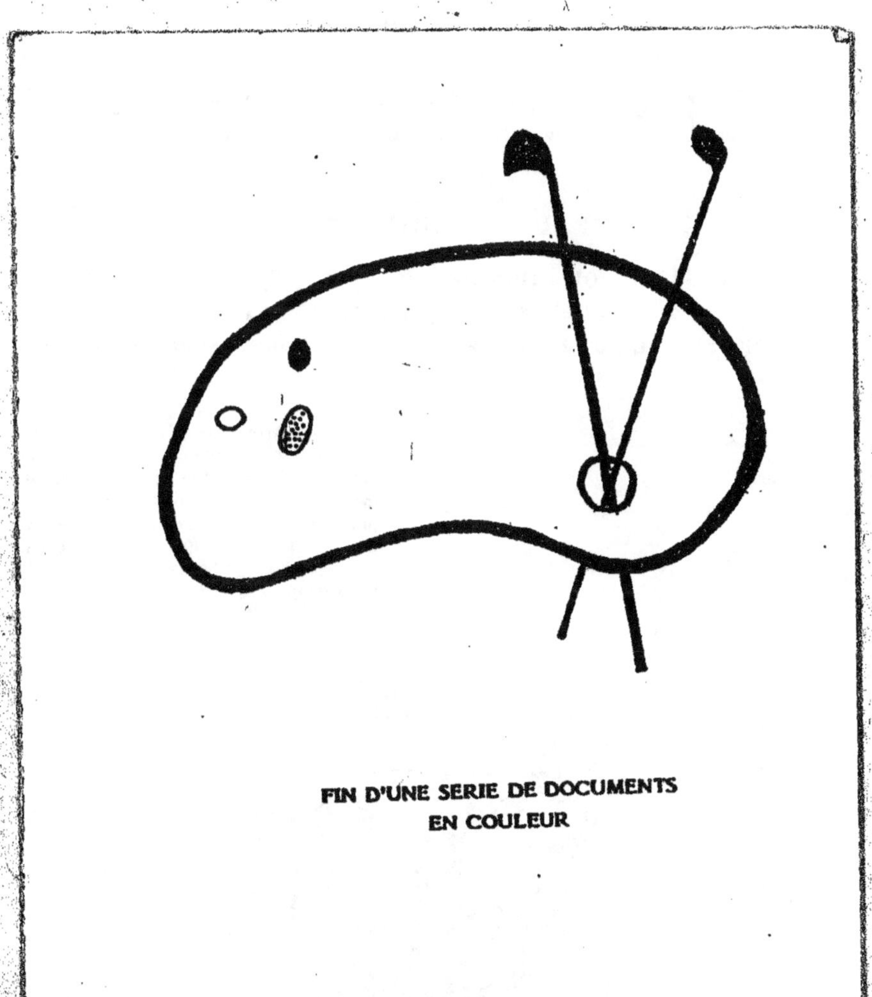

FIN D'UNE SERIE DE DOCUMENTS
EN COULEUR

SCIENCE ET RELIGION
Nouvelles études

L'ÉGLISE CATHOLIQUE

ET

LES PROTESTANTS

PAR GEORGES ROMAIN

Auteur de : LA QUESTION PROTESTANTE, jugée par le *bon sens,*
la Bible et *les faits ;* L'ÉGLISE ET LA LIBERTÉ ;
le MOYEN AGE FUT-IL UNE ÉPOQUE de *ténèbres et de servitude.*

> Si les protestants savaient à fond
> comment s'est formée leur religion,
> cette Réforme dont ils se vantent
> tant ne les contenterait guère ; et
> pour dire franchement ce que j'en
> pense, elle ne leur inspirerait que
> du mépris. (BOSSUET. *Histoire des*
> *variations des églises protestantes.*)

Imprimatur

Dijon, le 8 Juillet 1897.

MAILLET, *v. g.*

PRÉFACE.

Deux études succinctes sur le christianisme ont paru récemment.

La première est une démonstration scientifique de l'existence de Dieu, la seconde de sa manifestation visible dans la personne de Jésus-Christ.

Elles sont l'œuvre de Mr Pierre Courbet, ancien élève de l'école polytechnique.

Ces deux sujets forment ce qu'on pourrait appeler les deux premiers termes d'une trilogie chrétienne. L'Eglise instituée par Jésus-Christ en formerait le troisième.

C'est à elle qu'est due la croyance aux vérités fondamentales du christianisme, aux dogmes et aux vertus qui en découlent, ainsi que la civilisation qui en est sortie.

Pour s'en convaincre on n'a qu'à jeter un double regard sur les âges antérieurs au christianisme, plus ou moins voués à l'esclavage et à la barbarie, et sur l'état actuel de continents entiers, comme l'Asie et l'Afrique, où la civilisation chrétienne n'a pas encore pénétré ou prévalu.

Ce sujet a été traité par des maîtres, et de notre temps encore par Guizot dans sa remarquable *Histoire de la Civilisation*.

Notre but est plus modeste et plus restreint.

Au commencement du seizième siècle un incident important s'est produit dans l'histoire de l'Eglise. Le protestantisme s'est posé en antagoniste vis-à-vis d'elle ; c'est de cet incident que nous allons nous occuper.

Nous voulons démontrer que malgré le titre *de Réforme* qu'il a eu l'adresse et l'audace de prendre, le protestantisme n'a abouti et ne devait aboutir qu'à l'altération de la doctrine et des mœurs chrétiennes, qu'il n'a été qu'une des formes des passions humaines contre l'institution de Jésus-Christ. A l'Eglise, seule, reste l'honneur d'avoir christianisé le monde et de combattre encore pour l'intégrité du dogme, de la morale et du culte chrétiens.

Pourtant nous voulons, auparavant, donner un aperçu des épreuves, des luttes et des vicissitudes que l'Eglise a eues à traverser pour accomplir son œuvre de salut.

Notre époque, absorbée par les affaires, la politique et les plaisirs, est plus que jamais insouciante des grandes questions morales. Les catholiques eux-mêmes, tranquilles possesseurs de la vérité religieuse totale, en négligent trop la défense et l'expansion. Il est plus que jamais nécessaire de montrer que l'histoire, comme l'Ecriture sainte, dépose en faveur de l'Eglise, malgré les clameurs ignorantes et intéressées de l'anti-cléricalisme heureusement sur son déclin.

L'abbé Kannengieser a pu écrire, dans *le Correspondant*, un article important sur la banqueroute de l'anti-cléricalisme en Belgique, en Autriche, en Allemagne, en Italie et en France. Les majorités nouvelles des Parlements à Bruxelles et à Vienne, les progrès du catholicisme et la chute du Kulturkampf en Allemagne dénotent, en effet un heureux revirement. Le vent a tourné aussi en Italie.

En France la corruption et les scandales de toutes sortes, dans le camp anti-clérical, ont commencé à ouvrir les yeux. Bien que les catholiques soient encore opprimés, qu'on laïcise encore quelques écoles, qu'on dépouille quelques maisons religieuses contre le gré et l'intérêt des populations, on sent une détente de bon augure. C'est au point que le gouvernement, devenu moins fanatique, est accusé de froideur et de trahison par les anti-cléricaux.

En Espagne le gouvernement est franchement catholique ; et nous verrons que le peuple anglais se rapproche toujours plus de l'Eglise. Aussi l'abbé Kannengieser croit-il pouvoir conclure que la fin de ce siècle qui prétendait enterrer la Papauté, sera marquée par le règne glorieux de Léon XIII et la banqueroute incontestable de l'anti-cléricalisme.

Malheureusement les francs-maçons et les Juifs ont pris, à leur tour, dans l'état social actuel, une telle importance politique et financière qu'ils se croient les maîtres en tout et partout. Bien que démasqués et déconsidérés aussi, ils font à l'Eglise une guerre persécutrice et acharnée, tandis qu'ils soutiennent les protestants. Ce n'est pas qu'ils s'intéressent à l'ancien protestantisme doctrinal, presque aussi incompatible que le catholicisme avec le triangle et la Juiverie, mais pour faire échec à l'Eglise en se faisant les alliés de ses adversaires.

C'est une *Triplice anti-catholique*. L'Eglise peut s'en consoler et même en être fière, car ses en-

nemis sont les mêmes que ceux de Dieu et de
son Christ.

La reconnaissance des peuples aurait dû la préserver de cette ingratitude.

C'est à l'Eglise qu'est dûe la civilisation moderne,
a dit l'historien Guizot, *si l'Eglise n'avait pas
existé, le monde entier était livré à la pure force
matérielle.* »

« *L'Eglise, mère des croyances, fut aussi celle
de la pensée, des arts et de la science,* a dit l'historien Duruy. Des savants comme Augustin Thierry
et Littré, des économistes comme Bastiat, des
philosophes comme Cousin ont parlé dans le même sens. Aussi de Tocqueville disait-il : *J'ai commencé l'étude de l'histoire plein de préjugés contre l'Eglise, je l'ai finie plein de respect.*

En effet nulle institution n'égale l'Eglise par ses
services, par son action bienfaisante sur les so-
ciétés et les individus. Non seulement elle a sauvé
les lettres, les sciences et les arts, elle a éman-
cipé la femme, aboli l'esclavage, relevé l'humani-
té, produit les plus grands génies et les plus belles
âmes. En même temps elle a créé la charité chrétienne. Ses hôtels-Dieu et ses œuvres de toutes
sortes couvraient le monde.

La France lui doit sa glorieuse histoire de qua-
torze siècles, la lignée des Saints et des héros qui
l'ont faite, de saint Remi et Clovis à Charlema-
gne et à saint Louis, de sainte Geneviève et
sainte Clotilde à Blanche de Castille et à Jeanne
d'Arc L'histoire a célébré sa gloire par ces simples mots : *gesta Dei per Francos.*

Malgré ses bienfaits l'Eglise devait être persé-
cutée. Son divin fondateur le lui avait prédit. Il

savait l'empire du mal et du faux dans le monde. Lui-même en a fait l'expérience. Il a été cloué sur un gibet et le suffrage populaire de son temps lui a préféré l'assassin Barabbas.

L'Eglise a payé par le martyre la gloire d'avoir éclairé et sauvé le monde en substituant la civilisation chrétienne à la barbarie. Pendant trois siècles les Néron et les Dioclétien versent à flots le sang chrétien. Dans les arènes retentit le cri : *Les chrétiens aux bêtes !* et ils sont déchirés par les lions et les tigres aux applaudissements des quatre-vingt mille spectateurs du Colysée. Constantin ferme l'ère des persécutions païennes.

Puis l'Eglise est attristée par les hérésies et les schismes depuis Arius et Photius.

Pendant des siècles ensuite, l'Europe chrétienne subit les assauts des Sarrasins, des Maures et des Turcs, enfants de l'Islam ; Charles Martel les bat à Poitiers, les Espagnols les chassent de leur sol, Don Juan d'Autriche les défait à Lépante. Grâce aux croisades et à ces victoires des enfants de l'Eglise la chrétienté est affranchie. L'Evangile est vainqueur du Coran sous lequel l'Orient est encore courbé.

Mais les passions et les vices des hommes ne devaient pas laisser de trève à l'Eglise.

L'Empereur débauché Henri IV trafiquant des dignités ecclésiastiques, l'impie et cruel Frédéric II, le roi faux monnayeur Philippe le Bel, l'impudique Henri VIII, le bouillant Luther, le sanguinaire Calvin, le sarcastique Voltaire sont de mémorables exemples des passions déchaînées contre elle. Ce dernier, type achevé de toutes les bassesses, a vilipendé sa mère et sa patrie et fait des vers à la louange de Mme de Pompadour et de la Du Barry. Il spéculait sur la traite des noirs et volait ses libraires. Il appelait les Français *la chiasse* du genre humain et félicitait le roi de Prusse de les avoir battus à Rosbach. Il a fait un poème infâme sur la plus grande héroïne de sa patrie. C'est un honneur pour l'Eglise d'avoir eu pour adversaire cet envieux, ce méchant, ce menteur que Frédéric chassa, et dont sa nièce Mme Denis disait : *Vous êtes le dernier des hommes par le cœur.* Il est le digne père de l'anti-cléricalisme.

Parmi les persécuteurs dont l'Eglise a été la victime nous ne pouvons oublier la Révolution. Son hostilité féroce est formulée dans ces deux vers de Diderot :

> *Des boyaux du dernier prêtre*
> *Serrons le cou du dernier roi.*

Nous venons de voir, en abrégé, ce que le monde doit au prêtre, c'est-à-dire à l'Eglise, et comment elle a été récompensée.

Le vertueux et paternel Louis XVI, par sa Déclaration du 23 Juin 1789 aux Etats Généraux, acceptait et sanctionnait toutes les réformes légitimes demandées par la nation dans *ses Cahiers*. *La Déclaration des droits de l'homme* n'y ajoutait rien. Qu'a donc fait la Révolution et que lui doit-on ? L'esprit révolutionnaire qui a valu à la France seize changements de gouvernement depuis 1789, et une effroyable banqueroute. Elle a menti à toutes ses promesses, a fait avorter l'œuvre des réformes, remplacé la liberté par la Terreur, et versé des torrents de sang humain.

Louis Prudhomme collaborateur de Chaumette

et ami de Robespierre jeune, porte à *neuf cent mil-le* le chiffre des victimes émigrées, exilées, pendues, noyées, guillotinées, incendiées, mitraillées. Naturellement les prêtres, les religieux, les religieuses sont au premier rang. Jamais on n'avait vu tant d'innocents sacrifiés au fanatisme anti-religieux et révolutionnaire.

Depuis les écrits consciencieux de Taine et d'Edmond Biré on n'ose plus vanter la Révolution. Avant eux Renan avait dit que son succès fut dû à *la collaboration de tous les crimes et de toutes les insanités*, qu'elle fut *l'œuvre de fous, d'incapables et de scélérats.* Aussi Mme de Staël disait-elle : *C'est la liberté qui est ancienne ; c'est le despotisme qui est nouveau.*

Voilà le résumé des assauts auxquels a eu à résister, depuis dix-neuf siècles, l'Eglise, *autorité spirituelle, dénuée de force civile, qui n'a d'autre moyen de défense que la parole et la persuasion.* C'est par la persuasion qu'elle avait conquis le monde chrétien, par son dévouement qu'elle l'avait couvert d'institutions charitables. C'est au contraire par le mensonge et la violence que l'anti-cléricalisme a conquis la France depuis 1793. Il ne faut pas laisser nos adversaires intervertir les rôles, accuser l'Eglise de cruauté à propos de faits qui ne lui sont pas imputables.

De même que l'Etat païen protégeait le culte de Mercure et de Vénus, l'Etat chrétien protégeait celui de Jésus. Mais même dans ce cas l'Etat a, seul, la responsabilité des cruautés ou des illégalités commises par lui seul. L'Eglise les a souvent blâmées. On peut voir, là-dessus, notre ouvrage : *l'Eglise et la liberté.*

Aujourd'hui, nous le répétons, l'Eglise a contre elle la ligue des francs-maçons, des Juifs et des protestants. Les premiers, qui avaient récemment encore à leur tête le voleur Adriano Lemmi, sont représentés par deux cents des leurs à la Chambre des Députés. Cela prouve que leur opposition est surtout politique et intéressée. Elle ne relève pas de la controverse et sort de notre cadre. Il en est de même des Juifs.

Les protestants, au contraire, représentés aussi à la Chambre par quatre-vingts des leurs, ont élevé contre l'Eglise des prétentions doctrinales. Nous devons les réfuter.

Nous avons esquissé le rôle de l'Eglise, démontré ses services dans le passé. Le but de cet écrit est de faire voir le rôle tout différent des protestants et du protestantisme. En l'apprenant on verra jusqu'où ont pu aller, le mensonge, l'ignorance et l'ingratitude envers l'envoyée du Christ. (1)

-----

(1) Ce travail est extrait, en partie, de notre ouvrage : La QUESTION PROTESTANTE *jugée par le bon sens, la Bible et l'histoire,* qui a été honoré des approbations de son Em. le Cardinal Mermillod et de N. N. S. S. les archevêques de La Bouillerie et de Langalerie.

L'ÉGLISE CATHOLIQUE

ET

LES PROTESTANTS.

I.

POSITION DE LA QUESTION.

La divinité de Jésus-Christ étant donnée, notre thèse se résume en ces cinq points.

1º Jésus-Christ a non seulement enseigné une doctrine, il a fondé une institution pour l'enseigner, la transmettre et la perpétuer. Les protestants en se séparant d'elle ont fait un schisme condamné d'avance par son divin Fondateur.

2º Luther, Calvin, Henri VIII et leurs imitateurs ont obéi à des mobiles honteux et mensongers. Leur conduite le prouve.

3º Le protestantisme n'a dû, nulle part, son succès *à l'examen sincère et libre,* mais à la politique, à la force, à la violence.

4° Il a abouti partout à l'altération de la doctrine et des mœurs.

5° Malgré les préjugés de naissance, d'éducation et de nationalité, c'est par millions qu'on compte les retours à l'Eglise catholique en Amérique, en Angleterre, en Allemagne, en Suisse, partout.

Notre démonstration tout entière sera appuyée sur l'Ecriture sainte, sur des faits indiscutables et des aveux désintéressés.

II.

FAUSSE IDÉE DU MINISTÈRE PASTORAL
CHEZ LES PROTESTANTS.

Les protestants ont travesti la notion de l'Eglise pour échapper aux condamnations qu'elle prononçait contre eux. Ils confondent *l'Eglise enseignante* et *l'Eglise enseignée*, les *clercs* et les *laïques*, *les pasteurs* et *le troupeau*. Pour eux pasteurs et fidèles sont égaux ; les premiers n'ont d'autre mission et d'autre autorité que celles qu'ils tiennent des seconds par l'élection.

Chaque chrétien, sa Bible à la main, est à lui-même son Pape, disait le pasteur Coquerel. *Pourquoi des hommes, entre Dieu et moi ?* disait déjà Rousseau. N'est-ce pas comme s'il eût dit : Pourquoi Dieu a-t-il établi le seul moyen que j'aie d'apprendre sa parole ? ce qui est une sottise ; ou bien : Pourquoi ne descend-il pas lui-même à l'Ermitage pour me parler comme à Moïse au Sinaï ? ce qui est un blasphème.

Pourquoi ? Mais parce que Jésus-Christ ayant légué à ses disciples les vérités révélées, il les a chargés de nous les transmettre. Prétendre les recevoir directement de Lui sans l'intermédiaire de ses envoyés, est aussi ridicule que de prétendre recevoir la vie directement de Dieu, sans l'intermédiaire de nos parents.

Jésus-Christ n'a parlé qu'à quelques hommes, pendant quelque temps et dans quelques lieux ; et sa parole s'adresse à tous les hommes, à tous les temps et à tous les lieux. Quel intermédiaire a-t-il établi pour nous la transmettre ? Voilà la première question à résoudre.

Ce n'est pas la Bible, comme le prétendent les protestants. Il y avait, à cela, plusieurs raisons.

La première, c'est que le Nouveau Testament, qui en est la partie essentielle, n'existait pas. Ce n'est que deux tiers de siècle après que les livres qui le composent furent au complet, et plus de deux siècles plus tard qu'ils furent répandus, non parmi les fidèles dont peu savaient lire, mais parmi les pasteurs.

La seconde, c'est que Notre-Seigneur n'a jamais donné l'ordre à ses disciples d'en écrire une seule ligne.

La troisième, c'est que la Bible n'indique nulle part devoir former un traité complet de doctrine.

La quatrième, c'est que le Nouveau Testament, lui-même, indique le moyen et l'intermédiaire choisis par le Sauveur pour répandre sa doctrine et sa grâce.

Ce moyen c'est LA PAROLE, cet intermédiaire ce sont des hommes, c'est LE MINISTÈRE PASTORAL ENSEIGNANT ET SACERDOTAL qui se transmet et se perpétue par L'IMPOSITION DES MAINS ET LA CONSÉCRATION. Toute autre conception de l'Eglise est illusoire et inventée pour les besoins de la cause.

« La Bible, dit Mgr de Trevern, est née de circonstances fortuites et locales qui éloignent toute idée d'un plan prémédité. Les Epîtres, pour la plupart sont, ou des réponses à des consultations, ou des intructions à des églises spécialement dénommées, ou mêmede simples lettres à des individus. Provoquées par les circonstances, bien que toujours dictées par l'Esprit-Saint, faites pour les occurences du lieu, des personnes et quelquefois du moment, elles roulent sur des sujets relatifs et particuliers, bien qu'elles renferment, en même temps, des avis, des leçons, des préceptes qui s'appliquent à tous les chrétiens.

« Mais les Apôtres ont-ils jamais écrit qu'on dût se borner, pour la croyance et la pratique, à la parole de Dieu écrite ? »

Non. Pourquoi ce silence, au moment solennel où le divin Architecte posait les assises de l'édifice de notre salut ? Parce qu'il voulait l'édifier sur un autre fondement : L'APOSTOLAT.

III.

MISSION DIVINE DU MINISTÈRE PASTORAL.

L'ancien Testament faisait déjà, de l'ordre sacerdotal, le gardien et l'interprète des vérités divines.

On lit dans Malachie (II, 17) : « Les lèvres du prêtre garderont la science, et *on recherchera la loi de sa bouche*, car il est LE MESSAGER DU SEIGNEUR. »

« *Les lévites*, dit Esdras, *exposaient la loi de Dieu et en donnaient l'intelligence. (II. VIII, 8.)* »

Voilà pour l'ancienne loi.

Voici pour la nouvelle.

Dans son Epître aux Ephésiens (II, 20) saint Paul dit formellement : *Nous sommes édifiés sur le fondement des Apôtres.* Il écrit aux Romains (X, 13 à 17) : « Tous ceux qui invoquent le nom du Seigneur seront sauvés. Mais comment l'invoqueront-ils s'ils ne croient pas en lui ? Et comment croiront-ils en lui, s'ils n'en ont point entendu parler ? Et comment en entendront-ils parler si personne ne le leur prêche ? Et comment les prédicateurs leur prêcheront-ils S'ILS NE SONT ENVOYÉS? LA FOI VIENT DE L'OUIE, NUL NE PEUT CROIRE SI ON NE LUI PRÊCHE. »

Joignant l'application à la théorie, le grand Apôtre

écrit aux Thessaloniciens : (II, 11, 15) Mes frères, con-servez LES TRADITIONS *que vous avez apprises soit par nos paroles, soit par notre lettre.* Il écrit à Timothée (II, 11 : Et ce que vous avez appris de moi, devant un grand nombre de témoins, *donnez-le en dépôt à des hommes fidèles qui seront eux-mêmes capables d'en ins-truire d'autres.*

Quand Dieu eut créé l'homme, c'est par une parole qu'il lui communiqua cette puissance de reproduc-tion en vertu de laquelle la race humaine se perpé-tue. « *Croissez et multipliez et remplissez la terre* » avait-il été dit à Adam et Eve dans le lieu de délices qui vit notre chute. De même quand Jésus-Christ voulut faire annoncer sa doctrine à la terre, c'est par la pa-role qu'il investit des hommes de cette puissance de germination spirituelle qui devait engendrer les élus.

« ALLEZ ET ENSEIGNEZ TOUTES LES NATIONS » dit-il aux Apôtres dans le lieu de douleurs qui vit notre Rédemption. « *Allez et enseignez toutes les nations, les baptisant au nom du Père, du Fils et du Saint-Esprit, et voilà que je suis avec vous tous les jours jusqu'à la con-sommation des siècles.* (Matth. XXVIII, 19, 20). »

Voilà les lettres patentes de l'Eglise catholique.

Le salut par la foi, la foi par la doctrine, la doc-trine par la tradition et la parole, la parole par les envoyés du Sauveur se succédant sans interruption et sans schisme, voilà les embranchements par les-quels se transmet la vérité révélée, depuis son point de départ qui est Dieu jusqu'à son point d'arrivée qui est l'homme.

IV.

AUTORITÉ DU MINISTÈRE PASTORAL.

Ce n'est pas tout. Par cela seul qu'il les a établis ses envoyés, ses représentants, il les a investis de son autorité divine.

Saint Paul dit aux Ephésiens (IV, 4) : « Dieu a donné à son Eglise des Apôtres, des pasteurs, des docteurs, pour travailler à la perfection des saints, à l'édification du corps du Christ, afin que nous ne soyons plus comme des enfants ou *des personnes flottantes à tout vent de doctrine.* »

Il écrivait à Timothée (IV, 6) : « *Veillez, reprenez, suppliez, menacez sans jamais vous lasser.*

Il écrivait à Tite (II, 15) : *Exhortez, reprenez avec une pleine autorité.* En même temps il donnait aux fidèles cet ordre corrélatif : *Obéissez à vos conducteurs, soyez soumis à leur autorité.*

Ecoutons maintenant le divin Maître lui-même.

Il dit à ses Apôtres : « Je prierai mon Père et il vous enverra un autre consolateur, *l'esprit de vérité,* qui demeurera en vous éternellement. » Et ailleurs : « *Qui vous écoute m'écoute, qui vous méprise me méprise.*

« *Si quelqu'un n'écoute pas l'Eglise regardez-le comme un*
« *païen et un publicain.* »

« *Tout ce que vous lierez sur la terre sera lié dans le*
« *ciel, tout ce que vous délierez sur la terre sera délié*
« *dans le ciel.* »

« *Tous les péchés que vous remettrez seront remis, tous*
« *ceux que vous retiendrez seront retenus.* »

« TU ES PIERRE, dit-il au prince des Apôtres, ET SUR
CETTE PIERRE J'ÉDIFIERAI MON EGLISE, *et les puissances de
l'enfer ne prévaudront point contre elle.* »

Qu'y a-t-il d'étonnant, après cela, que les Apôtres
et leurs successeurs aient manifesté hautement leur
autorité? Le premier exemple en est donné au chapitre XV des *Actes.* Quand la question qui y est rapportée fut soulevée dans l'Eglise d'Antioche, Paul et
Barnabé s'élevèrent contre ceux qui voulaient le
maintien de la circoncision pour les gentils. Ceux-ci
ne croyant pas devoir se rendre à leurs raisons, les
deux Apôtres soumirent la question à l'Eglise de
Jérusalem, qui était alors ce qu'est celle de Rome.
Un concile, le premier de la chrétienté, s'assembla
pour l'examiner. Après les débats les premiers pasteurs du bercail de Jésus-Christ firent ce que leurs
successeurs ont fait toujours depuis ; ils envoyèrent
leur JUGEMENT précédé de ces paroles remarquables :
« IL A SEMBLÉ BON AU SAINT-ESPRIT ET A NOUS.... » *et
les délégués le portèrent aux fidèles de l'Eglise d'Antioche
qui le reçurent avec beaucoup de consolation et de joie.*
(Actes. XX. 1 à 41). »

Certes s'il n'était pas une inspiration divine chez
les Apôtres, le décret de Jérusalem serait le plus

odieux des blasphèmes ou la plus folle des extrava-
gances ; mais les promesses du divin Maître justifient
ce langage, elles attestent l'institution divine de
l'Eglise avec ses privilèges surhumains.

Où est-elle ? Evidemment dans la seule société
existante depuis la mission qu'elle tient du Christ,
et qui ose en revendiquer les prérogatives ; la seule
qui se soit perpétuée sans schisme et sans interruption depuis les Apôtres. Nos Evêques ont donc, seuls,
droit de **répéter**, après S. Paul : « *Nous faisons la
charge d'ambassadeurs pour Jésus-Christ, c'est Dieu qui
vous exhorte par notre bouche* ». (II, Cor. V. 20).

Même en dehors de la foi la raison appuie les con-
clusions catholiques.

« L'office de la raison, disait l'éminent historien
Aug. Thierry, est de nous démontrer que Dieu a parlé aux hommes par la bouche de Jésus-Christ. Une
fois ce grand fait démontré par l'histoire, la raison
n'a plus droit de discuter. Son devoir est d'apprendre,
par l'Evangile et par l'Eglise, ce que Dieu **a** dit et
de le croire. C'est le plus noble usage qu'elle puisse
faire de ses facultés ».

C'est la même raison qui faisait dire à Malebranche :
« *Une société divinement instituée suppose l'infaillibilité* ».

V.

NULLITÉ DU MINISTÈRE PASTORAL PROTESTANT.
SA CONDAMNATION.

L'institution divine du ministère pastoral est un fait avoué par plusieurs écrivains protestants.

« *Il est de l'essence de l'Eglise chrétienne qu'elle ait un ministère* », dit Jurieu. (Système de l'Eglise. Liv. III. Chap. 5).

Le ministre Claude déclare que « *Dieu a institué le ministère dans l'Eglise* ».

« Quelques-uns de mes vénérables collègues, dit E. Naville, ont démontré par les Ecritures que *le ministère est d'institution divine* ». Thèses devant l'académie de Genève).

« Il est évident, d'après S. Paul, dit Vinet, que *Jésus Christ a voulu que l'Eglise eût des ministres.* (Théol. past. p. 30).

Oui, mais les protestants ayant rompu avec le ministère pastoral établi par le Sauveur, ne peuvent lui reconnaître l'autorité et l'infaillibilité qui sont de l'essence d'une institution divine. Pour se justifier il faudrait qu'ils s'attribuassent le droit de *veto* contre elle, qu'ils s'attribuassent eux-mêmes les prérogatives qu'ils lui refusent. Ils ne l'ont pas osé.

Selon la remarque de Joseph de Maistre c'eût été dire : « *Dieu avait manqué son coup si nous ne fussions venus relever son œuvre* ».

La question si simple du ministère a été tellement obscurcie par les sophismes imposés aux protestants par leur fausse situation qu'au lieu de voir, dans les successeurs des Apôtres les légitimes héritiers de leur mission et de leur autorité, nos frères séparés n'y voient plus qu'une succession *d'individus* venant les uns après les autres, sans autre mission, que la volonté du peuple, d'un synode, d'un souverain ou la leur propre, reprendre, ou continuer, chacun comme il l'entend, l'œuvre apostolique.

C'est leur portrait qu'ils font là, mais ce n'est pas celui de l'institution divine.

Tout ce qui attribue au ministère une organisation d'origine divine, ils n'y peuvent prétendre. Tout ce qui fait dépendre la mission du pasteur, de la consécration du pasteur précédent, tout cela les gêne et ils le rejettent parce qu'ils y voient la condamnation du ministère protestant, issu de la révolte.

Le protestantisme a inauguré une nouvelle dynastie pastoral contre l'institution du Christ.

Ouvrez n'importe quel livre, quelle histoire ; cherchez-y le berceau du protestantisme, vous serez arrêté à une date : 1520, à un nom : Luther, à un lieu : Wittemberg, à un fait : la révolte d'un religieux immoral, orgueilleux, emporté, contre l'Eglise instituée par Jésus-Christ. Peu auparavant il disait : « *Je rends grâce à Dieu qu'il conserve sur la terre l'Eglise romaine, unique par un grand miracle, et qui peut seul montrer que notre foi est véritable, en sorte qu'elle ne s'est* JAMAIS ÉLOIGNÉE DE LA VRAIE FOI PAR AUCUN DÉCRET». (Contre Priérias. Cité par Bossuet. Variations. Liv. I. 21).

Calvin, peu après, donne son nom, en France, à une secte nouvelle.

Henri VIII, puis sa digne fille Elisabeth, en Angleterre, consomment la troisième grande rupture avec l'Eglise de Dieu.

Voilà le grand fait historique que nul historien ne peut contester. Le protestantisrie est né au seizième siècle. Eh bien, ce fait est sa condamnation. Il est un schisme avec l'institution revêtue par son auteur du triple caractère de l'autorité, de l'infaillibilité, de la perpétuité.

Ces prérogatives expriment des privilèges tellement surhumains que la prétention de les posséder paraît, au premier abord, une folie, quelles que soient la science et la sainteté du corps qui les revendique. Il est même impossible à celui qui se place en dehors de l'ordre surnaturel, d'en porter un autre jugement. Mais ces prérogatives, encore une fois, ne sont que l'*équivalent* et la *résultante* des promesses faites par Jésus-Christ à son institution.

D'autre part l'Eglise catholique, seule, ose les revendiquer. Cela tranche la question. Comment nos frères séparés ne voient-ils pas cela ?

VI.

PHÉNOMÈNE PSYCHOLOGIQUE.

Il y a là, un phénomène psychologique facile à expliquer.

Le raisonnement, la logique qui ne s'adressent qu'à l'esprit peuvent très bien le frapper, sans, pour cela, toucher le cœur. Or la conversion étant plus encore le changement du cœur que celui de l'esprit, les opérations de ce dernier n'influent pas nécessairement sur le premier. Il n'y a guère que les vérités mathématiques que l'homme admet sans hésitation, parce que leur admission n'entraîne, pour lui, la rupture avec aucune des attaches du cœur.

Le langage pourtant si persuasif de Notre-Seigneur lui-même n'a pas toujours amené la conversion de ceux auxquels il s'adressait. Les miracles de sa tendresse et de sa puissance les ont souvent laissés froids, parce que leurs cœurs étaient mauvais, leurs esprits volontairement fermés. Notre volonté a une grande part dans ce que nous croyons et dans ce que nous faisons. Selon qu'elle est droite ou intéressée notre conduite est méritoire ou coupable. Lorsque l'évidence a ouvert de force les portes de notre esprit, nous pouvons encore lui fermer celle de notre cœur, de peur des conséquences qui résulteraient, pour nous, de son admission.

N'est-ce pas par crainte des devoirs qu'il impose, que beaucoup restent éloignés du christianisme? N'est-ce pas l'austérité du catholicisme qui a fait, en partie, la fortune de la religion protestante plus facile et plus commode, comme nous l'allons voir? Supposez que les prétendus réformateurs eussent maintenu le jeûne, l'abstinence, la confession, le célibat ecclésiastique, les vœux évangéliques de pauvreté, de chasteté et d'obéissance, toutes choses qui coûtent tant à notre nature déchue, sans la grâce divine, ils n'eussent pas eu de disciples. Autant eût valu, dans ce cas, rester catholique. Pourquoi Mahomet a-t-il sur la terre, plus de partisans encore que Luther? Parce que le mahométisme flatte encore plus les penchants de la nature.

VII

INDIGNITÉ DES CHEFS DE LA PRÉTENDUE RÉFORME.

Sur la conduite des prétendus réformateurs, écoutez leurs aveux et comment ils se jugent entre eux.

Dans ses *Tisch-Reden* (Propos de table), Luther a écrit :

« Wer liebt nicht Wein, Weib und Gesang.

Der bleibt ein Narr sein Leben lang,

Und Narren sind wir nicht ».

Ce qui, en Français, signifie : *Celui qui n'aime pas le vin, les femmes et les chants, demeure un fou toute sa vie, et nous ne sommes pas des fous.*

On reproche au protestant Brantôme ses œuvres licencieuses ; mais au moins il ne se posait pas en réformateur.

« *Luther*, dit Calvin, *était un homme très vicieux* ». (Ep. 57).

« *Les passions de Luther*, dit Mélanchton, *ne le cèdent pas aux emportements d'Hercule* ». L'histoire et ses propres écrits justifient ce jugement.

Il promet aux princes les biens des églises et des couvents pour les mettre de son parti, puis se réjouit en disant : « *Les beaux rayons de nos ostensoirs d'or ont fait plus de conversions que tous nos sermons* ».

Il viole ses vœux en épousant une religieuse échappée de son couvent : Catherine de Bora dont il eut six enfants. Elle avait mis au monde son premier né quelques jours après ses noces. Erasme disait à ce propos : *La tragédie protestante finit toujours comme les comédies, par un mariage.*

Voilà comme ils crucifient leur chair, disait-il à propos de celui d'Oecolampade. Zwingel épousa la veuve Reinhart qu'il avait rendue mère ; puis Carlostadt suivit, puis Bucer, puis Crammer.

Théodore de Bèze est connu par son libertinage et ses poésies licencieuses. Assigné par le Parlement pour rendre compte de son *Epître à Candide*, il s'enfuit à Genève avec la femme Claude, mariée à un tailleur de Paris, et l'épousa du vivant de ce dernier.

Ochin séduisit, à Lucques, une jeune fille, se maria à Genève et prêcha effrontément, de parole et d'exemple qu'on peut avoir plusieurs femmes à la fois.

La passion brutale de Henri VIII est connue. Il rompt avec Rome parce qu'elle lui refuse la permission donnée par Luther au Landgrave de Hesse, de changer de femme. Il fait décapiter successivement ses femmes à mesure qu'une nouvelle lui plaît davantage. Il s'est jugé lui-même en avouant qu'il n'avait *jamais refusé la vie d'un homme à sa haine, ni l'honneur d'une femme à ses désirs.*

Calvin est le plus odieux de tous.

L'exil de Bolsec et de Castalion, l'échafaud de Gruet et de Gentilis, le bûcher de Servet témoignent de sa cruauté sanguinaire. Plusieurs années avant le supplice de ce dernier, il écrivait à Berthelier : *Si Servet remet les pieds à Genève, il n'en sortira pas vivant ».*

Rien ne prouve mieux sa nature despotique et vindicative que ces potences qu'un matin Genève trouva élevées sur ses places avec cette inscription : *Pour qui dira du mal de M. Calvin.*

Théodore de Bèze disait de lui : Pendant quinze ans que Calvin a consacrés à enseigner aux autres les voies de la justice, il n'a pu se former à la tempérance, ni à des habitudes honnêtes, ni à la véracité ; *il est demeuré enfoncé dans la boue.*

« *Il est violent, il est pervers*, disait Wolmar, *tant mieux, voilà l'homme qu'il nous faut pour avancer nos affaires* ».

Bucer, Baudoin, Conrad, Bouvrai, Grotius lui-même, l'accusent et le flétrissent. Une flétrissure indélébile pèse en effet sur la mémoire de Calvin, obligé de s'enfuir de France pour échapper à des poursuites judiciaires, comme coupable d'un crime honteux qui entraînait alors la peine du feu. A la prière de son Evêque, cette peine fut commuée en celle de la *fleur de lys*, c'est-à-dire de *la marque*.

Cette imputation très répandue du vivant de Calvin n'a jamais été démentie par l'Eglise de Genève. Cependant elle avait envoyé Berthelier à Noyon, résidence de Calvin, pour faire une information qui eut lieu dans toutes les formes ordinaires de la justice, et fut signée des notables de la ville. Bolsec parlant de cette information ne fut point démenti par Berthelier.

Un auteur catholique, en Angleterre, avançant comme un fait notoire que Calvin avait été fleurdelysé, son adversaire Wittaker *avoue le fait*, mais il croit en détruire l'effet par ce parallèle impie : « *Calvin a été stygmatisé, mais saint Paul l'a bien été, d'autres aussi l'ont été.* »

L'anglais Stapleton, qui avait passé sa vie dans le voisinage de Noyon, et était par conséquent à même de savoir la vérité, parle de l'aventure de Calvin en homme sûr de son fait. Les luthériens d'Allemagne la lui reprochaient ouvertement.

Harennius raconte sa fin horrible et l'attribue à un juste châtiment du ciel.

Voir à ce sujet : AUDIN, *Vie de Calvin*. Il y a des choses que nous ne pouvons mettre sous les yeux de tous nos lecteurs.

Voltaire a dit de lui : *Il fut ce que sont les lâches quand ils sont maîtres.*

Galiffe, protestant genevois a dit à son tour : *Il fallait du sang à cette âme de boue.*

Sa conduite vis-à-vis de ceux qui lui résistaient, dit Rousseau, *révèle une des âmes les plus basses qui aient existé.*

Napoléon disait à Ste-Hélène : *Un protestant honnête homme ne peut pas ne pas mépriser Luther et Calvin.*

Avec Henri VIII voilà les trois principaux apôtres de la prétendue Réforme! Voilà les fondateurs du protestantisme! Voilà ceux que le Pasteur Puaux appelait *les hommes de foi et de génie qui, au seizième siècle, délivrèrent l'Eglise et sauvèrent la civilisation..........* et aussi la morale, n'est-ce pas, M. le pasteur? Mais où donc avez-vous appris l'histoire ?

———

VIII.

LUTHER JUGÉ PAR LUI-MÊME. L'EX-P. HYACINTHE.

En ce qui concerne Luther, le jugement intime porté par lui, sur lui-même et son œuvre est tout différent de celui de M. le pasteur Puaux.

Etant catholique, dit Luther, *j'avais passé ma vie en austérités, en veilles, en oraisons, dans la chasteté.* (Luther. op. Tom. V. in cap. I ad Galat.)

Séparé de l'Eglise il ne peut retenir cet aveu : *Je brûle de mille feux dans ma chair indomptée.*

En 1518 il répondait à une lettre dans laquelle Léon X cherchait à le retenir par la douceur sur la pente où il glissait : « *Donnez la vie ou la mort, approuvez ou désapprouvez, j'écouterai votre voix comme celle de Jésus-Christ même.* »

Un soir les étoiles scintillaient au ciel d'un éclat extraordinaire.

« *Vois donc comme elles jettent de l'éclat* », lui dit Catherine de Bora.

Luther leva les yeux *Oh ! la divine lumière*, dit-il, *mais elle ne brille pas pour nous.* »

Pourquoi donc ? reprit Catherine. *Est-ce que nous serions dépossédés du royaume des cieux ?*

Peut-être, répondit-il en soupirant, *en punition de ce que nous avons abandonné notre état.*

Il faudrait donc y retourner, dit Catherine.

C'est trop tard, le char est trop embourbé, dit le malheureux docteur. Il avait raison, il avait laissé passer le moment de la grâce, résisté trop souvent à ses appels.

Cette scène pathétique nous fut rappelée, dans l'été de 1875, par le récit d'une scène analogue.

Nous étions allé voir, sur les bords du lac de Genève, à Versoix, un pieux curé qui avait reçu quelques jours auparavant, la visite de l'ex-Père Hyacinthe. Assis sur le canapé, à la place où s'était assis le malheureux transfuge, après avoir laissé sa femme dans le petit jardin de la cure, nous écoutions le navrant récit de sa situation, et nous étions frappé de la similitude entre la sienne et celle de Luther. « *Le martyr n'est pas à Ferney*, disait l'ex-Père Hyacinthe en faisant allusion à l'Évêque chassé de Genève. *Les portes de Genève, seules, sont fermées à Mgr Mermillod ; celles de la France et même de ma famille ne sont fermées à moi.* Il ajoutait de ces phrases qui indiquaient le tourment de son âme : *J'aime les prêtres catholiques : la vue de votre soutane m'émeut : je me confesserais à vous : Si seulement le St Père voulait bénir mon union. etc.* »

Et nous pensions à Luther et à ses remords.

IX.

CONSÉQUENCE DE LA RÉFORME AU POINT DE VUE DES MŒURS.

Les aveux échappés aux prétendus réformateurs et les jugements désintéressés de témoins importants disent assez les conséquences de la Réforme.

D'après la déclaration de Henri VIII lui-même à son Parlement, ce fut *la corruption générale des mœurs*.

Aurifaber disait à Luther : « *Depuis la prédication de ton Evangile la vertu est éteinte, la justice opprimée, la tempérance inconnue, la foi chancelante, la dévotion perdue.* »

« Ceux que j'ai connus purs, dit Erasme, je les ai vus, *une fois passés à la secte*, commencer à parler de filles, courir les jeux, mettre de côté la prière, s'adonner à leurs intérêts, devenir impatients, vindicatifs, changés d'hommes en vipères. (Épître aux frères de la basse Allemagne.)

Ailleurs il dit : « Je vois bien des luthériens, mais peu d'évangéliques. Regarde un peu ces gens et dis si le luxe, l'avarice la paillardise, *ne règnent pas chez eux plus que chez les catholiques. Montre-m'en un qui soit deve-*

nu meilleur, pour moi *je n'en ai point vu qui ne soient devenus pires.* » (Epître A. 1526).

Luther lui-même écrit : *Le monde empire et devient tous les jours plus méchant. La licence et tous les genres de vices sont portés bien plus loin qu'ils ne le furent jamais sous le papisme.* (Sur le 1ᵉʳ dimanche de l'Avent.)

Les nobles et les paysans, dit-il encore, se vantent qu'ils n'ont que faire d'être prêchés, qu'ils aiment mieux *qu'on les débarrasse tout à fait de la parole de Dieu*, et qu'ils ne donneraient pas une obole de tous nos sermons. *Ils ne croient plus à rien, vivent en pourceaux et meurent en pourceaux* (1ʳᵉ Ep. aux Cor. chap. XV).

« Une chose aussi étonnante que scandaleuse, ajoute-t-il, c'est que depuis que la doctrine du pur Evangile est remise en lumière, *le monde s'en va journellement de mal en pis.*

En effet, c'était alors un proverbe, en Allemagne, pour annoncer qu'on allait passer la journée en débauches : « *Hodie lutheranice vivemus. Nous allons vivre aujourd'hui à la luthérienne.* » (Morgenstern, Traité de l'Eglise, p. 221).

De son côté Calvin disait à Bullinger : « Genève est livrée à des désordres *plus grands que ceux où elle gémissait. On ne peut se figurer dans quel bourbier de licences se débattent tous ces impies. Les pasteurs eux-mêmes qui montent en chaire* SONT LES PLUS HONTEUX EXEMPLES DE LA PERVERSITÉ ET DE TOUS LES VICES. *Je m'étonne que les femmes et les enfants ne les couvrent pas de boue et d'ordures.* »

Après ces aveux authentiques des auteurs de la prétendue Réforme et des témoins contemporains, on peut juger l'arbre à ses fruits.

Avant de sévir contre les protestants français *à titre de rebelles*, le cardinal de Richelieu s'était montré grand controversiste ; il avait cherché avec autant de charité que de talent à les ramener à la véritable Eglise. Il a écrit un ouvrage remarquable, fruit de vingt ans de travail et de recherches, intitulé : *Méthode pour convertir les séparés*. Il a intitulé le chapitre X du Livre II : *La vie déréglée des auteurs de la prétendue Réforme montre que l'Eglise qu'ils ont fondée ne peut être la vraie Eglise de Jésus-Christ.*

Ce sera la conclusion de tout homme sincère.

X.

ALTÉRATION DE LA DOCTRINE CHEZ LES PROTESTANTS.

Ce n'est pas seulement par le scandale de leur conduite que les prétendus réformateurs ont discrédité le protestantisme aux yeux de tout chrétien éclairé, c'est aussi par l'altération de la doctrine et l'anéantissement de la foi.

On a dit avec raison : Le protestantisme est le pont par lequel on est arrivé au rationalisme.

Edgar Quinet appelait les sectes protestantes : *les mille portes ouvertes pour sortir du christianisme.*

A propos de la destitution du pasteur Coquerel, Guizot avait dit : « Le protestantisme court risque de passer du drapeau de la liberté chrétienne *sous celui du scepticisme et de l'indifférence en matière de foi.* »

Il y a quarante ans le comte Agénor de Gasparin disait attristé : « *Sur sept cents pasteurs protestants en France, il n'y en a pas deux cents qui croient à la divinité de Jésus-Christ.* Y en a-t-il deux aujourd'hui ?

Guizot l'avouait au P. Gratry : *Ces gens-là ne sont plus chrétiens.*

Voici qui prouve jusqu'où va l'abandon de leurs croyances.

Le Dr Strauss qui niait la mission divine et même l'existence de J.-C. avait été nommé par la ville de Zurich à la chaire de théologie protestante avec l'approbation des autres professeurs. Sa femme était actrice. Herder qui reproche à St Jean de croire à la divinité de J.-C., n'en est pas moins resté le chef officiel du clergé protestant de Weimar. (FOISSET, *Catholicisme et protestantisme.*)

Vers 1830 le pasteur Ad. Monod fut destitué par ses collègues pour avoir voulu faire revivre l'ancienne *Discipline* des églises réformées de France, qui excluait de la Cène les avares, les jureurs, les duellistes, les ivrognes et les adultères. Ses collègues firent observer que cette *Discipline* était tombée en désuétude *depuis plusieurs siècles,* ce qui, rapproché de l'âge des églises réformées, prouve qu'elle n'a pas duré longtemps, ou plutôt qu'elle n'avait jamais été observée. M. le pasteur Ad. Monod fut destitué, et la liberté chrétienne des duellistes, des ivrognes et des adultères fut sauvée.

Nous croyons inutile de nous étendre davantage pour démontrer que le protestantisme a été le tombeau de la foi et de la doctrine chrétienne, comme celui des mœurs, et en même temps le berceau d'erreurs, et d'abus plus grands et plus nombreux que jamais.

XI.

DE LA DOCTRINE ET DES ABUS, DANS L'ÉGLISE.

1º *De la doctrine.*

Est-ce à dire que l'Eglise catholique nie que des erreurs et des abus, *dans son sein,* l'aient attristée dans le cours de sa longue histoire ?

Non ; car ces erreurs et ces abus sont inhérents à l'élément humain qui entre dans la constitution de l'Eglise. Il y en a eu et il y en aura toujours. L'Eglise n'a jamais cessé de les condamner et de les combattre, comme elle n'a jamais cessé de défendre la doctrine et les mœurs. On va voir sa conduite et ses résultats à ce double point de vue. Dès lors comment l'accuser ? Il fallait l'imiter au lieu de diviser la chrétienté.

La pureté et l'inviolabilité de la doctrine n'ont de garantie que dans l'Eglise catholique.

Si nul, selon St Jean (I, 18) ne connaît véritablement Dieu que par Jésus-Christ, nul ne peut prétendre bien connaître Jésus-Christ et sa doctrine que dans son Eglise et par son Eglise. Il faut admettre la révélation et son organe divin ou les rejeter tous deux. *Entre le déisme et le catholicisme*, disait Fénelon au chevalier de Ramsay, *il n'y a pas de milieu raisonnable et logique*.

« *L'Eglise*, dit Mœhler, *est le prolongement de l'Incarnation, la présence de Jésus-Christ, son fondateur, perpétuée au milieu de nous par la parole de ses envoyés, la continuation de son Verbe avec nous. C'est la religion devenue objective.* (SYMBOLIQUE).

Rejeter l'Eglise c'est donc rejeter l'unique *conducteur* de la lumière divine établi par Jésus-Christ. Mais alors, qui l'allumera et la conservera dans nos âmes ?

Les protestants objectent aux déistes qu'un Dieu sans révélation n'existerait pas pour nous, puisque nous ne le connaîtrions pas, puisque nous ne saurions pas ce qu'il est, si, entre lui et nous il y a des rapports, s'ils nous imposent des croyances, des vertus, un culte ; puisque nous ne pourrions bâtir là-dessus que des hypothèses. Il a fallu pour nous apprendre tout cela qu'il nous envoyât son divin Fils.

Eh bien, à notre tour, nous leur demandons par quel intermédiaire les vérités chrétiennes nous sont parvenues ? Qui a écrit le Nouveau Testament, sinon les pasteurs de la primitive Eglise ? De qui ils tiennent eux-mêmes la Bible ? Où était le livre divin avant la révolte de Luther, sinon dans l'Eglise catholique ? Quelle garantie, autre que la sienne, ils ont de la bien interpréter, sans Jésus-Christ qui n'est plus sur la terre, autrement que par leur raison qui est faillible ?

DIEU, JÉSUS-CHRIST, L'EGLISE : ces trois mots renferment tout le symbole des Apôtres et la seule profession de foi orthodoxe et complète. Là seulement est le christianisme intégral. Otez un seul anneau de cette chaîne, vous n'avez plus qu'un christianisme tronqué, sans fondement, sans garantie.

Nous le répétons, le Fils de Dieu n'a jamais écrit ni donné l'ordre d'écrire une seule ligne. Les apôtres ont écrit les Evangiles et les Epîtres séparément, sans concert. Jamais ils n'ont entendu en faire un traité complet de doctrine auquel les chrétiens futurs dussent exclusivement se tenir.

Le Nouveau Testament est une œuvre *fortuite, contingente* dans le christianisme. L'œuvre absolue personnelle du Christ, c'est L'EGLISE intermédiaire entre Lui et nous, revêtue d'une autorité doctrinale et sacerdotale, transmissible par la succession légitime au moyen de l'ordination.

La foi à l'Eglise ne *remplace* pas, pour les catholiques, comme on l'a dit, la foi au Christ et à sa doctrine, *elle l'assure*. Elle n'en tient pas lieu, *elle la précède et la procure*. L'Eglise n'est pas, pour eux, *l'objet* de la foi, elle en est *le canal ;* elle n'est pas le salut, elle en est le *moyen* puisque c'est en elle que le christianisme s'est incarné, qu'il s'est conservé, qu'il nous est parvenu.

Deux ouvrages célèbres attestent l'intégrité du dogme catholique : l'un du grand Evêque Bossuet, l'autre du philosophe Leibniz, le seul grand esprit qu'ait eu la Réforme. Le premier de ces ouvrages est : *l'Exposition de la doctrine catholique*, le second : *le Systema theologicum.*

Jamais aucun écrivain protestant n'a osé émettre la moindre insinuation contre la parfaite orthodoxie de *l'Exposition de la doctrine catholique* qui a amené la conversion de Turenne et tant d'autres.

Le *Système théologique* de Leibniz est une étude sincère où il démontre la conformité de nos dogmes avec l'Ecriture Sainte. Après cette profession de foi on déplore, pour sa mémoire, qu'il n'ait pas mis, par une abjuration loyale, sa conduite d'accord avec ses écrits. Les raisons qui l'ont arrêté ne sont pas à son honneur. (1)

---

(1) Leibniz qui s'était montré si conciliant dans sa correspondance avec Bossuet et Pellisson, laisse voir la pensée de rompre les négociations dès que la mort du duc de Glocester, dernier fils de la reine Anne, ouvre l'accès du trône d'Angleterre à la maison de Hanovre, à laquelle Leibniz, *son pensionnaire*, était tout dévoué. Peu de temps après la mort du Duc, Georges de Hanovre était Roi de la Grande-Bretagne au préjudice de Jacques II ; et la maison de Hanovre n'avait d'autre titre à cette préférence que sa séparation de l'Eglise.

XII.

DES ABUS DANS L'EGLISE LES INDULGENCES.

Au sujet des abus Guizot a écrit : *Il n'est pas vrai que les abus, dans l'Eglise, fussent plus nombreux et plus criants à l'époque de la Réforme qu'ils ne l'avaient été en d'autres temps.*

Il y en eut et il y en aura de tout temps, et Notre-Seigneur les a prédits. Le cardinal Bellarmin, le cardinal de Richelieu, Bossuet, Arnauld, Fénelon, Nicole, tous les controversistes et historiens catholiques les ont avoués aussi loyalement que les protestants les ont exploités habilement.

Il s'agissait des indulgences.

Luther en respectait le principe ; il le savait conforme à la doctrine constante de l'Eglise et à l'exemple donné par St Paul. (II. Cor. II, 1 à 10.) Il n'en attaqua que l'application scandaleuse en certains lieux. Mais bientôt son tempérament fougueux l'emporta. Des princes jaloux de l'autorité ecclésiastique et convoitant ses biens s'étaient faits ses appuis. Dans sa thèse 38ᵐᵉ il suppose que le dominicain Tetzel, son antagoniste, enseigne que les indulgences s'achètent, et qu'en les achetant on n'a pas besoin de se repentir.

Or Tetzel, dans sa circulaire aux curés disait expressément : « *Quiconque s'est confessé et se repent sincèrement de ses fautes (Contritus et confessus) peut recevoir l'indulgence*, c'est-à-dire la remise de la peine temporelle due au péché, *s'il la remplace par l'aumône.* »

Luther convaincu de calomnie, mais trop avancé pour reculer, s'attaqua aux indulgences elles-mêmes, puis à d'autres points de la foi, puis enfin à l'autorité de l'Eglise elle-même qui le condamnait, parcourant ainsi logiquement, fatalement le cercle d'erreurs où son orgueil l'avait fait entrer, et d'où son orgueil l'empêchait de sortir.

« Si Luther, dit Mgr de Trevern, continuant l'œuvre des Conciles de Latran en 1215, de Vienne en 1311, de Constance en 1414, de Bâle en 1431, ne s'était élevé que contre l'ignorance de certains prédicateurs et contre le trafic indigne qui se faisait quelquefois des indulgences, il aurait, comme ces conciles, mérité l'applaudissement de l'Eglise et de la postérité. Il serait véritablement un réformateur comme certains Papes et Saints que l'Eglise honore, » au lieu d'être un hérétique et un schismatique coupable lui-même de tant de scandales, ainsi que ses confrères en réformation.

Il savait pourtant que, dès l'origine, dans le collège des Apôtres, S. Pierre par son reniement, S. Thomas par son incrédulité, attristent l'âme chrétienne ; mais leur repentir la console. Elle écoute la parole divine : Malheur à qui se scandalise.

XIII.

L'ÉGLISE, SENTINELLE VIGILANTE, SES ŒUVRES ET SES SAINTS.

Malgré les scandales dont elle gémit, il n'en reste pas moins que l'Eglise, après avoir conquis le monde, le défend contre Satan. Aux pires époques de son histoire elle a toujours donné au monde le consolant spectacle des douze mille qui n'ont pas fléchi le genou devant Baal.

Soleil divin, elle peut subir des éclipses partielles et momentanées, jamais totales et durables. Toute sa vie est un combat, non seulement contre les persécutions, contre la fausse science, mais aussi contre les séductions de la fortune et des honneurs, contre la concupiscence et le relâchement des siens. Dans tous les siècles elle eut à lutter contre le dérèglement des mœurs et la simonie. Chaque fois que cette hydre éternelle a poussé une nouvelle tête, elle a trouvé le bras de l'Eglise levé pour l'abattre.

Ce duel entre le bien et le mal, commencé au paradis terrestre, ne cessera qu'au dernier jour du monde. L'Eglise qui s'appelle *militante* en est à la fois le théâtre et l'un des combattants, jamais le vaincu ; elle a reçu quelquefois des blessures, jamais la mort. Jésus lui a promis d'être avec elle jusqu'à la fin des siècles.

« La simonie et l'incontinence, dit Balmès, étaient les deux vices dominants. Eh bien, ouvrez la collection des Conciles, vous les trouverez partout frappés d'anathèmes. Jamais on ne vit une lutte si prolongée, si persévérante du droit contre le fait. Jamais on ne vit, pendant tant de siècles, la loi placée en face des passions déchaînées, se maintenir ferme, sans reculer d'un seul pas, sans permettre un instant de trève à ces passions. »

« A l'époque où le protestantisme prit naissance nous voyons les abus *imcomparablement moins nombreux*, les mœurs notablement améliorées, la discipline plus rigoureuse et observée avec régularité. Le temps où déclama Luther n'était plus celui où S. Pierre Damien et S. Bernard déploraient les maux de l'Eglise, où les Conciles de Florence et de Constance la réformaient aux XIVmes et XVmes siècles. Il était vivant, alors, le souvenir des illustres modèles laissés à la science et à la piété dans S. Bernard, S. Thomas de Cantorbéry, S. François d'Assise, S. Dominique, S. Thoma d'Aquin, S. Louis, S. Anselme. C'est alors qu'apparurent ces ordres religieux que Leibniz appelait *une sorte de milice céleste organisée sur la terre.* »

Si des XIVe et XVe siècles nous passons au XVIe siècle, le rôle des prétendus réformateurs est encore plus inconséquent et plus coupable.

« Comment, dit l'abbé Cognat, ignorer ou méconnaître cette constellation de saints illustres dont brilla le seizième siècle ? Tandis que Luther et Calvin trompaient le monde et le souillaient par leur conduite et leurs erreurs, tandis que ces faux réformateurs détruisaient, dans les âmes, la notion du respect, de la vertu et de la foi, de tous côtés s'élevaient, du sein de l'Eglise catholique *les vrais et pacifiques réformateurs.*

« S. Philippe de·Néri fondait l'Oratoire ; S. Ignace la militante Compagnie de Jésus, en priant Dieu de lui envoyer des obstacles et des persécutions pour la préserver de la mollesse ; S. Jean de Dieu instituait l'ordre si dévoué aux misères humaines qui porte son nom : S. François Xavier renouvelait, aux Indes, les prodiges de l'apostolat de S. Paul, Théododore de Bèze disait de lui : *Quel dommage qu'étant ce qu'il est, il ne soit pas des nôtres !*

« S. Charles Borromée réformait divers ordres religieux, fondait des séminaires et montrait au monde un des types les plus accomplis de l'Evêque. S. Stanislas Kotska et S. Louis de Gonzague menaient une vie si pure qu'ils sont restés les patrons de la jeunesse exposée aux séductions du monde. S. François de Sales fondait, avec Ste Chantal, l'institut de la Visitation, ramenait à l'Eglise des milliers de protestants, écrivait des livres où respire le plus suave parfum de la piété chrétienne. »

La meilleure censure de la conduite des faux réformateurs c'est la vie de ces illustres chrétiens contemporains de Luther et de Calvin. S. Vincent de Paul, S. François Régis, Ste Thérèse se formaient déjà, dans l'obscurité, à l'héroïque sainteté qui devait être une des splendeurs du XVIIe siècle. Toutes ces vies si chrétiennes disent si l'esprit de l'Evangile n'était pas là, si la vraie Réforme et les vrais réformateurs n'étaient pas là. Qui empêchait de suivre et d'imiter ces généreux modèles de l'esprit chrétien ?

Les livres comme *l'Imitation de Jésus-Christ*, *l'Introduction à la vie dévote*, *le Combat spirituel*, si admirables d'onction, de foi, de charité, qui dénotent une pratique habituelle de la sainteté, n'existent que dans l'Eglise catholique. Le protestantisme n'a rien produit de pareil.

Avec ses écoles, ses hôpitaux, ses missions, ses ordres religieux, ses docteurs, ses mystiques, ses fondations de toutes sortes, avec tout ce cortège d'œuvres et de vertus, avec cette armée de héros de la foi et de la charité, l'Eglise qu'on ose accuser peut invoquer la parabole de l'Evangile, et demander qu'on la juge à ses fruits.

XIV.

RAISON INTIME DES SUCCÈS DE LA RÉFORME.

Nous avons vu ceux d'ordre différent produits par la prétendue Réforme. En arborant ce drapeau ils ont pris un prétexte menteur, une étiquette trompeuse. Comment, après cela, Luther a-t-il osé avancer cette théorie étrange : *qu'en péchant l'homme rend plus hommage à Dieu qu'en faisant des bonnes œuvres?*

Dans ce dernier cas, dit-il, l'homme est un orgueilleux qui se croit capable de faire son salut par lui-même et se rendre digne du ciel. Il fait tort à l'œuvre de la Rédemption et rend inutiles les souffrances et la mort du Sauveur. Les âmes pieuses qui font le bien pour gagner le royaume des cieux n'y parviendront jamais, dit-il, et même il faut les compter parmi les impies. Il est plus urgent de se prémunir contre les bonnes œuvres que contre le péché.

Il écrivait à Mélanchton : *Esto peccator et pecca fortiter, pecca fortiter sed crede fortius.* (Œuvres de Luther. Edition de Wittemberg. Tom. VI. fº 168.)

C'était mettre à l'aise les consciences faciles, et là est la raison intime des succès de la *prétendue* Réforme. Il y en a une autre d'ordre différent.

XV.

LE PROTESTANTISME S'EST IMPLANTÉ PAR LA FORCE.

En présentant le *libre examen* comme le second élément du succès de leur œuvre, les prétendus réformateurs ont commis un second mensonge. Le libre examen est une formule inventée par eux pour flatter l'esprit humain, pour gagner la foule qui précisément n'examine pas, croit ses flatteurs sur parole et se laisse conduire aveuglément par eux.

Jamais, dans les débats contradictoires qui ont eu lieu entre les catholiques et les protestants, lorsque la question a été bien élucidée de part et d'autre, jamais nos frères séparés n'ont eu le dessus. Ils ont été battus dans toutes les rencontres depuis les célèbres conférences entre St François de Sales et Théodore de Bèze, entre le Cardinal Du Perron et Duplessis Mornay, entre Bossuet et Claude jusqu'à celle où Mᵍʳ Mermillod et l'abbé Martin, curé de Ferney, réduisirent au silence les pasteurs Bungener, Guers, Bois et Jacquet.

Henri IV était présent à la conférence entre Du Perron et Duplessis Mornay. Il dit à Sully : *Le Pape des huguenots a été terrassé.* De nombreuses et importantes conversions suivirent cette conférence à laquelle assistaient plus de deux cents seigneurs catholiques et protestants.

Nulle part le protestantisme n'a dû son triomphe à l'examen, à la persuasion, mais à la violence. C'est un fait avoué aujourd'hui. Il doit la vie à l'appui des pouvoirs temporels affranchis par lui de la suprématie spirituelle. Ses chefs avouent qu'il a été soutenu, implanté par la force, comme le mahométisme par le cimeterre.

« Il est incontestable, dit Jurieu, que la Réformation s'est faite *par la puissance des Princes*. A Genève ce fut le sénat ; dans d'autres parties de la Suisse, le grand Conseil de chaque Canton. En Hollande ce furent les Etats généraux. En Danemarck, en Suède, en Angleterre, en Ecosse, les rois et les Parlements. »

« En Angleterre, en Danemarck, dit Vinet, Henri VIII et Christiern, *deux tyrans, deux bourreaux ;* en Suisse, la république *despotique* de Berne, introduisent *d'autorité* le nouveau culte dans les Etats. A Genève, Calvin fonde une Sparte théocratique, la *tyrannie* sous la forme de la liberté.

E. Naville dit à son tour : CE FURENT LES GOUVERNEMENTS QUI FONDÈRENT LES ÉGLISES PROTESTANTES. »

«L'influence grossière de la politique se fait partout sentir, dit A. de Gasparin. On souffre en voyant la révolution préparée par Wiclef s'accomplir en se desséchant sous la main sanguinaire de Henri VIII ; on souffre en voyant Farel s'appuyer sur une autre puissance que celle de l'Evangile, en voyant l'ambition du Sénat de Berne discréditer la conversion de la Suisse romande. On souffre en voyant, en France, ces braves soldats, ces nobles gentilshommes protestants mêler aussi des passions, des haines, des projets mondains aux saintes pensées de la foi. *Ils nous ont gâté notre Réforme.* »

Calmez-vous, Monsieur. Sans la main sanguinaire des princes, sans l'ambition des Sénats, sans les passions, les haines, les projets mondains qui excitent votre indignation, le protestantisme mort-né, n'eût jamais existé. *« Partout où la liberté de conscience n'était pas opprimée,* dit Edgar Quinet, *le protestantisme ne tardait pas à disparaître. »*

XVI.

CONDUITE COMPARÉE DE LUTHER ET DU PAPE DANS DEUX CAS IDENTIQUES.

Pour avoir l'appui temporel du Landgrave de Hesse, nous avons dit que Luther lui donna l'autorisation secrète de changer de femme. Cette autorisation signée de lui, de Mélanchton, de Bucer et de Corvinus, coupable par elle-même, est honteuse par les *considérants* qui la précèdent.

A côté de ce monument immoral qui violait, pour la première fois, sous le christianisme, la sainteté du mariage, Dieu permit, pour montrer par deux grands exemples, de quel côté était l'esprit chrétien, que l'Eglise fût sommée à son tour, par un souverain puissant, de lui octroyer la même autorisation. Henri VIII menaçait Rome d'un schisme si elle refusait.

Un Pape, non pas *réformateur*, mais simple *gardien*, comme ses devanciers, de la doctrine et de la morale évangéliques refusa cependant, au risque de voir échapper à l'Eglise *l'Ile des Saints*. L'Eglise la perdit, en effet, tandis que Luther avait gagné l'appui temporel du Landgrave. Mais aux yeux de la conscience, qui a gagné ou perdu en estime ?

Seuls les Papes méritent le titre glorieux de *fidei defensor* que Léon X avait décerné précédemment à Henri VIII, et dont ses successeurs se décorent encore.

XVII.

LA CÉSARÉOPAPIE A DÉNATURÉ, VICIÉ L'ŒUVRE DU CHRIST.

Luther ne s'est pas aperçu qu'il détruisait ainsi, par la base, l'œuvre du Christ.

« Du sein de la plus épouvantable confusion que le monde ait jamais connue, ait Guizot, s'est élevée l'idée la plus haute et la plus pure qui ait jamais rallié les hommes : L'IDÉE DE LA SOCIÉTÉ SPIRITUELLE, car c'est là, *le nom philosophique de l'Eglise, le type qu'elle a réalisé.* »

A cette société spirituelle Jésus-Christ avait donné *un chef spirituel aussi. Tu es Pierre,* avait-il dit au prince des Apôtres, *et sur cette pierre j'édifierai mon Eglise.* Peuples et princes devaient lui obéir au même titre. « Or, dit le protestant Mosheim, *le protestantisme n'a point aboli la papauté, il l'a seulement transportée au pouvoir civil.*

C'était dénaturer, vicier l'œuvre du Christ, en

mettant la société spirituelle sous la dépendance du pouvoir temporel. Le Prince, comme ses sujets, doit obéissance à l'institution divine dans les choses de la foi.

« La Réforme, dit le pasteur Vinet, en se séparant de l'Eglise dut, pour trouver une tête, s'adresser au peuple ou au pouvoir civil. Son principe la poussait vers le peuple. Elle n'osa pas ; et pour avoir une autorité présente et visible, elle s'adressa au pouvoir *qu'elle fit Evêque*. Tel est le caractère des églises protestantes. Elles se réduisent à ce peu de mots : EPISCOPAT DU GOUVERNEMENT CIVIL. (Essai sur la manifestation des convictions religieuses, p. 362).

Ailleurs le pasteur Vinet qualifie cette situation du nom plus exact encore de CÉSARÉOPAPIE. Mais qui a donné le droit à des pasteurs intrus de remplacer par un César quelconque, le chef spirituel de l'Eglise institué par le Sauveur ?

C'est par suite de cette violation de l'Evangile que le Roi ou la Reine d'Angleterre est le chef de l'Eglise anglicane, que l'Empereur d'Allemagne est le chef de l'Eglise de Prusse ; comme le Tsar est le chef de l'Eglise russe. Ils sont chez eux, comme le Sultan à Constantinople, les vrais *Commandeurs des croyants*.

C'est un protestant génevois, Lefort, compagnon de jeunesse de Pierre I", créateur du très saint Synode de Russie, qui a inculqué à ce prince l'idée calviniste du gouvernement de l'Eglise par l'Etat, *théorie païenne remise en honneur par le protestantisme, en violation de l'Evangile.*

De là les lois sanguinaires ou persécutrices portées par Henri VIII et Elisabeth en Angleterre, par Calvin à Genève.

XVIII.

L'ÉGLISE CATHOLIQUE, PUISSANCE SPIRITUELLE
ET PERSUASIVE.

Malgré le préjugé contraire et invétéré, l'Eglise, puissance exclusivement spirituelle, n'a pas qualité pour employer la force coercitive en matière de foi. Souvent elle est intervenue auprès des pouvoirs temporels, seuls dépositaires de cette force, pour en adoucir les rigueurs.

Le pasteur Vinet reconnaît la nature de l'Eglise, *puissance exclusivement spirituelle.*

« L'Eglise catholique, dit-il, *reste dans son domaine religieux et relègue l'Etat dans le sien.* Il y a quelque chose qui semble entourer le catholicisme d'un mur de diamant, *c'est sa doctrine même.* A moins de l'attaquer dans le principe de son existence, l'Etat ne peut s'immiscer dans sa doctrine. L'inviolabilité du dogme condamne le pouvoir, dans ses moments les plus vifs de jalousie, à s'aller briser contre un obstacle immortel. » (Essai sur la manif. des conv. rel. p. 364-428).

C'est ainsi que Bossuet a pu dire, sous le roi de France le plus absolu : *Simple sujet du Roi partout ailleurs, dans la religion le Prince n'est que mon second.* Et Louis XIV se courbait, comme ses sujets, sous la loi commune.

Guizot l'a avoué également : « *La séparation des pouvoirs temporel et spirituel, l'indépen dance réciproque de l'un et de l'autre sont des principes dûs au catholicisme.*

Les chefs laïques des églises protestantes ont renversé l'économie sociale et religieuse de l'institution de Jésus-Christ.

XIX

La notion de l'Eglise. Comedies et sophismes. L'Eglise invisible. 30000 fr. a gagner.

Il y a plus, le protestantisme a perdu la notion de l'Eglise. Il n'est sorte de sophismes et d'équivoques auxquels ses chefs n'aient eu recours pour se justifier.

« Toute la Réforme est un attentat, dit Fénelon, si ceux qui l'ont commencée et soutenue ont pris le titre de pasteurs de Jésus-Christ sans mission légitime. » Aussi lorsque Münzer commença à prêcher contre

Luther, le fougueux réformateur lui cria-t-il : « *Qui t'a envoyé ?*

« *Le Seigneur,* » répondit Münzer.

« *Où sont tes lettres patentes ?* ajoutait Luther, *montre-les moi ou montre-moi tes miracles.* »

Il avait raison. En deux mots il désignait les deux seules preuves de la mission des envoyés divins. Mais s'il avait raison contre Münzer, il avait tort contre lui-même, ayant perdu ses pouvoirs par l'excommunication des pasteurs légitimes de qui il les tenait.

Dans sa lettre aux Evêques, Luther s'intitule gravement : « *Martin Luther, par la grâce de Dieu* ECCLESIASTE DE WITTEMBERG. Puis il ajoute avec le même sérieux comique, qu'il a reçu ce titre « *non des hommes, ni par l'homme, mais* PAR DON DE DIEU ET PAR RÉVÉLATION DE JÉSUS-CHRIST. » On ne sait de quoi on doit s'étonner le plus, de la bouffonne audace de Luther ou de la crédulité de ses adeptes.

De la théorie il passe à l'application. Simple prêtre, il sacre Nicolas Armsdorf, évêque de Nauembourg. C'était reconnaître la hiérarchie dans le ministère et s'en proclamer le Souverain Pontife. On comprend dès lors ses attaques contre le Pape de Rome. Il ne pouvait y avoir deux Papes.

Pour répondre à cette question des catholiques : *Où était votre Eglise avant vous ?* Luther embarrassé inventa le sophisme de *l'Eglise invisible.* Ici encore on comprend cette saillie d'Erasme : *Il y aura toujours quelque chose de niais dans ce qui viendra des protestants.* Quand saint Paul disait: *Gardez-vous des schismes et*

des hérésies, il proclamait à la fois la visibilité de l'E-
glise et son autorité.

Mœhler dans sa célèbre *Symbolique*, a exposé lumi-
neusement la question de la visibilité de l'Eglise.
Etourdi par ce coup de massue de l'Hercule catholique, le protestantisme allemand essaya de répondre. Le Roi de Prusse, convaincu de la gravité du
coup, avait promis *huit mille thalers* (*trente mille francs*)
à qui réfuterait la *Symbolique*. Le chef de l'école de
Tubingen, Baur, descendit dans la lice ; mais de telle
sorte que le prix est encore à gagner. Mœhler lui
répliqua et les débats furent clos à l'avantage de
l'Eglise.

Le protestantisme en inventant le dogme insensé
d'une Eglise invisible a prouvé qu'il sentait le besoin de se rattacher aux Apôtres et son impuissance
à y parvenir. On ne crée pas ses ancêtres, et un
fleuve ne choisit pas sa source, il en découle.

Le luthéranisme est l'œuvre de Luther, le calvinis-
me l'œuvre de Calvin, comme le mahométisme était
l'œuvre de Mahomet, l'arianisme l'œuvre d'Arius.
Leur nom et leur date, voilà leur condamnation, à part
les erreurs, les mensonges et les hontes dont se sont
rendus coupables ceux qui, à toutes les époques,
ont divisé la chrétienté.

XX

AVEUX PROTESTANTS.

Guizot a avoué que « quand la Réforme jeta la fermentation dans le monde chrétien, les dogmes fondamentaux du christianisme *n'étaient pas même en question* ».

La Confessión d'Augsbourg (Art. XXI) avoue qu'il ne s'agissait *que de légers abus introduits dans l'Eglise.* Mélanchton écrivait à François Ier qu'il serait *facile de mettre fin à toutes les disputes.*

Thorndyke dit qu'on croit, dans l'Eglise, tout ce qui est nécessaire au salut, et qu'on n'y croit rien de contraire. L'université d'Helmstadt déclara en 1707 : « Il s'en faut beaucoup que la distance entre les catholiques et les protestants soit aussi grande qu'on le croit généralement. »

Le rapprochement négocié par Bossuet et Leibniz prouve qu'elle était loin d'être infranchissable. Rien ne le prouve mieux que le *Systema theologiçum.* Toute l'école des puseystes en Angleterre soutient que les 39 articles de *l'Eglise établie* peuvent s'interpréter sans violence dans le sens catholique.

Il y a plus, le parti *ritualiste* en est arrivé à avouer que l'Eglise catholique est la seule Eglise du Christ.

Combien coupables sont donc ceux qui ont divisé la chrétienté. *Où sera le crime de lèse-Majesté divine au premier chef,* dit Bayle, *s'il ne se trouve là ?* (Dict. philosophique, Art. schisme.)

« Si les protestants savaient à fond, dit Bossuet, comment s'est formée leur religion, comment ils se sont séparés, premièrement de nous et puis entre eux, *cette Réforme dont ils se vantent tant ne les contenterait guère et pour dire franchement ce que j'en pense, elle ne leur inspirerait que du mépris* » (Hist. des Variations.)

Leibniz disait : *Toutes les larmes des hommes ne suffiraient pas à pleurer ce grand schisme.* Comme lui Mélanchton, regardant couler l'Elbe, disait : « *Toutes ces eaux ne suffiraient pas pour pleurer ce grand schisme.* »

Le pasteur Vinet a écrit : Le catholicisme, je ne dis pas en ce qu'il a de chrétien, mais en ce qu'il a de catholique, EST L'ÉGLISE DU SENS COMMUN, *c'est par le sens commun qu'il triomphe.* (Le Semeur, 22 octobre 1845, p. 339.)

Ernest Naville a dit dans sa thèse devant l'académie de Genève en 1839 : « L'étude du catholicisme fait connaître toujours plus qu'il est *logique,* qu'il est *beau...* Je suis persuadé qu'on peut soutenir victorieusement ce dilemme : « Ou Jésus-Christ n'a point organisé l'Eglise, *ou l'Eglise catholique est celle qu'il a organisée.* »

L'historien Aug. Thierry a dit à son tour : « Le protestantisme et l'histoire sont entièrement incompatibles. Le système protestant a été obligé de construire, à son usage, une histoire fictive. Je m'étonne qu'on se maintienne sur un pareil terrain. »

Pour cesser d'être protestant il suffit d'être instruit de la Réforme, a dit Mlle de Treytorrens protestante vaudoise convertie. Gaullieur, professeur d'histoire à l'Académie de Genève, a écrit : « *On ne peut pas lire l'histoire sans devenir catholique* ».

XXI.

LA RÉFORME AUJOURD'HUI EST DANS LA RÉUNION. CONVERSIONS PROTESTANTES.

Il est temps de conclure.

Un zèle amer a causé tous ces maux, disait Fénelon, en pensant au déchirement de la chrétienté, qu'une charité sincère nous les fasse réparer autant qu'il est en nous. *La Réforme aujourd'hui est dans la réunion.*

C'est ce qu'ont compris de tout temps des âmes sincères qui, trompées de bonne foi, sont rentrées dans la vraie Eglise du Christ. Dès le berceau du protestantisme, des désabusés sont revenus à elle. Théodore de Bèze, lui-même, voulait abjurer à son lit de mort. Des amis s'interposèrent entre lui et saint François de Sales qu'il avait fait appeler. De semblables amis accusèrent d'Alembert d'avoir fait *le cou-*

ard dans une circonstance analogue, et Diderot se vanta d'avoir empêché Voltaire de *faire le plongeon.*

Rohrbacher a écrit le *Tableau des principales conversions protestantes.* C'est la liste, en deux volumes, de celles opérées à la fin du siècle dernier et au commencement de celui-ci.

L'Eglise a fait, depuis, d'innombrables conquêtes sur la piété, la science et la bonne foi protestantes, en France, en Allemagne, en Suisse, en Hollande, en Amérique. C'est par millions qu'on les compte.

La plus belle moisson est fournie par l'Angleterre. Celle de son plus grand docteur, l'illustre Newman, accompagné de deux cents ministres des Universités d'Oxford et de Cambridge, ont dépassé en retentissement, toutes les autres. *C'est le plus grand événement arrivé depuis la Réforme,* a dit le célèbre Docteur Pusey. M. Gladstone a dit, de celle de Wiberforce : « *En quittant l'Eglise anglicane vous lui infligez la plus sanglante injure qu'on pût lui adresser* ». Il pourrait en dire autant de la conversion des Wiseman et des Manning.

La duchesse de Kent, mère de la reine Victoria, est morte catholique.

Parmi les conversions notables en Allemagne, on cite celles des Stolberg, des Philipps, des Schlegel, des Owerbeck, des d'Eckstein, de la C^sso Ida de Hahn-Hahn et celle de l'illustre Goethe, rapportée par Joseph de Maistre. (Corresp. diplom. 3 Janvier 1817.)

En Suisse celle de l'historien Haller, celle de Hurter, président du Consistoire de Schaffouse.

En Amérique celles des Brownson, de Madame

Séton, de M. et Mᵐᵉ Stroop, du Rév. P. Hecker etc.

En Russie celle des Galitzin, des Schouvaloff, des Gagarin, de Mᵐᵉ Swetchine, etc., disent, à leur tour, où vont les esprits élevés et les âmes d'élite qui étudient sérieusement la question de l'Eglise.

En 1802 le nombre des catholiques, en Angleterre, était de soixante mille. D'après la récente Lettre pastorale du cardinal Vaughan, il s'élève aujourd'hui à plus de dix millions. On y compte 2686 prêtres.

A Genève on ne comptait, au commencement de ce siècle, qu'une soixantaine de catholiques, ils sont, aujourd'hui, plus de vingt mille, sur une population de quarante mille âmes.

Dans les Etats-Unis d'Amérique dont la population est d'origine protestante les progrès du Catholicisme sont considérables. Il y avait en 1840, 16 évêques et un vingtième de la population était catholique. En 1875 on y comptait déjà 7 archevêchés, 39 évêchés, 40 maisons monastiques ou communautés, 2600 prêtres et six millions de catholiques ; le cinquième de la population. Nous ignorons les chiffres actuels ; mais pendant notre séjour à Rome, en 1890, nous avons appris de Mᵍʳ Burke, évêque de Cheyenne qu'ils avaient beaucoup augmenté.

A propos de ces conversions, il est à propos de faire une double remarque. Le protestantisme, nous l'avons vu, invoquait le libre examen, et il s'est partout implanté par la force. Au contraire c'est par le libre examen et la persuasion seule que nos frères séparés reviennent à l'Eglise, malgré les préjugés de naissance, d'éducation et de nationalité.

XXII.

EN FRANCE LE PROTESTANTISME N'EST PLUS QU'UN PARTI POLITIQUE.

En France les protestants, aujourd'hui, empruntent aux passions politiques, qui le soutiennent, une grande importance et une grande force. Unis aux francs-maçons et aux Juifs, ils constituent avec eux, une Triplice aux ordres du gouvernement francmaçon. Or que ne peut pas sur les individus, un parti qui dispose de l'enseignement, du journalisme, des places, des honneurs et de l'argent?

En ce moment les catholiques ont cette force contre eux. La force du catholicisme est ailleurs. Elle est en lui-même, dans son essence, dans son origine et son autorité divines. Il peut montrer aux esprits et aux cœurs droits qu'il a, pour lui, la raison, l'Ecriture sainte et l'histoire.

Ses institutions et ses œuvres ont fait sa réputation, ses grands hommes et ses saints ont fait sa gloire, en même temps qu'ils ont fait la France; ses immortels écrivains, ses controversistes ont fait la lumière.

La politique peut se mettre encore quelque temps au service de l'ignorance et des passions antireligieuses, mais elle aura beau faire, elle n'étouffera pas la conscience, elle n'effacera pas l'histoire, elle ne déchirera pas l'Evangile. Le protestantisme, à son tour, ne réfutera pas *les Prescriptions* de Tertullien; *la Méthode pour convertir les protestants*, de Richelieu, *l'histoire des Variations*, de Bossuet; *le Traité du ministère des pasteurs*, de Fénelon; celui de *l'Unité de l'Eglise*, de Nicole; *la Symbolique*, de Moehler; les ouvrages de Hoeninghaus, Newman et tant d'autres dont le protestantisme ne s'est jamais relevé.

Après les divisions séculaires qui l'ont attristée, l'Eglise sort de la lutte victorieuse et respectée pour tous les esprits sincères et éclairés. Il semble que les attaques de l'erreur et les persécutions soient le moyen voulu de Dieu pour la prémunir contre les défaillances. C'est un bain de douleur dans lequel elle se retrempe et se purifie. Ses ennemis espèrent que la voie royale du Calvaire la conduit au tombeau, elle la mène au Thabor.

XXIII.

L'AURORE DE TEMPS NOUVEAUX.

Nous venons de voir qu'elle est consolée par d'innombrables recrues. En dehors même du point de vue protestant, Dieu semble lui ménager de plus grands triomphes. Après les vicissitudes du passé et les tristesses du présent, des signes avant-coureurs en font présager la fin.

Il y a quatre-vingts ans Joseph de Maistre écrivait : « *Que le catholicisme parle de nouveau anglais et français et l'empire du monde lui est assuré.* »

Nous venons de voir que la première partie de ce vœu se réalise de plus en plus.

Il y a cinquante ans le Père Lacordaire écrivait : *La France redeviendra chrétienne, l'Angleterre catholique, et l'Europe chantera la messe à Ste-Sophie.*

La faillite imminente de l'anti-cléricalisme prépare la réalisation du premier de ces vœux. Et qui donc, en face des événements, oserait déclarer impossible la réalisation du troisième ?

Il y a trente ans le P. Gagarin a prédit que *la Russie, obligée un jour, de choisir entre le catholicisme et la Révolution deviendrait catholique.*

Le rapprochement du Tsar et de la Papauté est d'un bon augure dans ce sens. Trois raisons viennent corroborer cet augure. La première c'est que le schisme de Photius n'est pas plus soutenable que le schisme protestant ; la seconde c'est la constante préoccupation du St Père d'une restauration de l'unité chrétienne ; la troisième c'est le fait peu connu de la conversion du Tsar Alexandre Ier mort catholique.

Il avait envoyé par le général Michaud, son aide de camp, une lettre au pape Léon XII pour lui faire part de son intention d'embrasser la religion catholique, et le prier de lui envoyer un ecclésiastique pour s'en faire instruire pleinement. Léon XII fit appeler le P. Mauro Capellari, depuis Pape sous le nom de Grégoire XVI, qui s'excusa.

Le P. Orioli franciscain accepta cette mission délicate. Mis en rapport avec le général Michaud, il allait partir avec lui lorsqu'arriva la nouvelle de la mort d'Alexandre I⁰ʳ, mort peut-être non naturelle. Mais le Tsar avait appelé le desservant de la chapelle catholique de Taganrog auquel il se confessa, et qui lui administra l'extrême-onction. Tous ces faits ont été confirmés et garantis par le Pape Grégoire XVI, qui en reprochant au Tsar Nicolas I⁰ʳ, à Rome, ses cruautés en Pologne, lui montra la lettre de son frère Alexandre I⁰ʳ (1).

Malgré bien des nuages encore au ciel de l'avenir, l'aurore de temps nouveaux et meilleurs apparaît donc aux enfants de l'Eglise catholique. Le monde qui lui a dû le christianisme, les mœurs et les vertus qu'il engendre, lui devra leur relèvement, par son triomphe définitif sur l'anti-cléricalisme en Occident et sur le schisme de Photius en Orient.

« *Et il n'y aura plus qu'un troupeau sous un seul Pasteur.* »

---

(1) Voir à ce sujet : *Les nationalités slaves* par le comte Branicki ; et *l'Eglise catholique en Pologne sous le gouvernement russe* par le P. Lescœur. (Tome I, page 413 et suivantes).

TABLE

Cîteaux. — Imp. Guillermain.

www.ingramcontent.com/pod-product-compliance
Lightning Source LLC
Chambersburg PA
CBHW051130050726
47594CB00003B/1031